DIE REIHE
Archivbilder

HAMBURG-ALTONA

DIE REIHE
Archivbilder

HAMBURG-ALTONA

Hajo Brandenburg
Altonaer Museum in Hamburg
Norddeutsches Landesmuseum

SUTTON
VERLAG

Ansichtskarte von 1897.

Sutton Verlag GmbH
Hochheimer Straße 59
99094 Erfurt
www.suttonverlag.de

Copyright © Sutton Verlag, 2003

ISBN: 978-3-89702-556-1

Druck: Books on Demand GmbH, Norderstedt, Deutschland

Inhaltsverzeichnis

Danksagung und Bildnachweis

Mein besonderer Dank gilt den Hospitantinnen Judith Horstmann M.A. und Jessica Lücker M.A. sowie den Praktikantinnen Zita Frzop, Britta Kägler, Maja Kim und Wiebke Strenge, die durch ihre umfangreichen Recherchen im Foto-Archiv des Altonaer Museums diese Publikation erst ermöglichten. Zu danken habe ich auch dem Fotografen Herbert Dombrowski und dem Stadtteilarchiv Ottensen, die für dieses Buchprojekt bereitwillig Abzüge zur Verfügung stellten. Außerdem sei noch Herrn Dr. Torkild Hinrichsen und Frau Ingeborg Hass für ihre zahlreichen Hinweise gedankt.

Altonaer Museum in Hamburg – Norddeutsches Landesmuseum: 4, 9-17, 19-45, 47-69, 71-89

Herbert Dombrowski: 18, 46, 70, 71, 90-92, 94

Stadtteilarchiv Ottensen: 89, 90, 93

Altonas Entwicklung vom Dorf
zur Großstadt und zum Stadtteil Hamburgs

Der älteste kartografische Nachweis für die Existenz Altonas, das in der ersten Hälfte des 16. Jahrhunderts gegründet wurde, befindet sich auf der im Auftrag des Hamburger Rats angefertigten Elbkarte von Melchior Lorichs aus dem Jahre 1568. Die ersten Altonaer – es waren Fischer und Handwerker – siedelten sich auf einer sturmflutsicheren Geestplatte in der Gegend des heutigen Altonaer Fischmarktes an. Seit dem 16. Jahrhundert fanden Glaubensflüchtlinge (Calvinisten, Juden, Katholiken und Mennoniten) hier eine neue Heimat, die – speziell gefördert durch den Landesherrn – die städtische Wirtschaft belebten.

Nach dem Aussterben der männlichen Linie der Schauenburger Grafen kam Altona 1640 mit der Herrschaft Pinneberg zum dänischen Gesamtstaat. Mit der Verleihung des Stadtrechts durch den dänischen König Friedrich III. (1648-1670) erhielt Altona den ersten Freihafen in Nordeuropa, die Gewerbe- und Religionsfreiheit, das Marktrecht sowie ein Stadtwappen. Das 1664 verliehene Stadtwappen zeigt Altona als dreitürmige Burg mit geöffnetem Tor über den Wellen der Elbe. Entgegen landläufiger Meinung symbolisiert das offene Tor nicht Altonas Weltoffenheit und Toleranz, sondern die Hoheit des Landesherrn und sein Recht auf jederzeitigen Zutritt. Das Stadttor in Hamburgs Wappen war deswegen geschlossen. Altona entwickelte sich im 17. Jahrhundert von einer Ackerbürgerstadt zu einer Handels- und Gewerbestadt.

Das Goldene Zeitalter Altonas begann mit dem Wiederaufbau der Stadt, nachdem sie im Jahre 1713 durch schwedische Truppen in Brand gesetzt worden war („Schwedenbrand"), und dauerte bis zum Beginn der für Dänemark gültigen Kontinentalsperre Napoleons im Jahre 1807. In diesem Zeitraum erreichte die Stadt Altona eine wirtschaftliche und kulturelle Blüte, an die sie später nicht mehr anknüpfen konnte. Im 18. Jahrhundert stieg Altona zur zweitgrößten Stadt nach Kopenhagen im dänischen Gesamtstaat auf und war für Dänemark mit weitem Abstand die bedeutendste Handels- und Gewerbestadt im Unterelberaum. Mit einer bewohnten Fläche von 17 Hektar war Altona die größte Stadt in den Herzogtümern Schleswig und Holstein. Die zahlreichen zentralörtlichen Funktionen, wie beispielsweise das Annuitäten-Kontor (für die Ausgabe der Staatsanleihen), die Schleswig-Holsteinische Species-Bank, die Börse, die reitende und fahrende Post, das Lotto und die Münze machten Altona nach Hamburg zur zweitwichtigsten Stadt im Niederelberaum.

Altona erlebte während des Goldenen Zeitalters zwei wirtschaftliche Booms. Beide wurden durch Kriege ausgelöst, in denen sich der dänische Gesamtstaat neutral verhielt und die altonaische Flotte von der Ausweichreederei der Niederländer profitierte – das heißt, dass niederländische Handelsschiffe in die Altonaer Handelsflotte integriert wurden. Der erste Aufschwung für Handel und Schifffahrt fand 1782/83 während des nordamerikanischen Unabhängigkeitskrieges (1776-1783) statt, dem ein Jahrzehnt später der noch größere zweite Boom während der Revolutionskriege (1792-1802) folgte. Frankreich und die übrigen europäischen Großmächte kämpften in diesen Kriegen um die Hegemonialherrschaft in Europa. Diese zweite Hochkonjunktur veränderte die wirtschaftliche Struktur nachhaltig, denn neben der Reederei mit ihrer Frachtschifffahrt (häufig für Hamburger Kaufleute) etablierte sich nun der Eigenhandel. Altona erlebte während des Zeitraums von 1794 bis 1800 seine Goldenen Jahre.

Die Industrialisierung des nördlichen Elbufers begann in den 1840er-Jahren. Als eines der ersten mit Maschinenkraft produzierenden Unternehmen in Norddeutschland entstand 1841 in der Großen Elbstraße 27 die Dampfmühle der „Mehlbehandlung und Schiffsbrodtfabrik" des Kaufmanns Heinrich Wilhelm Lange. Ein Jahr nach Eröffnung der Altona-Kieler-Eisenbahn wurde 1845 die „Geneigte Ebene", eine 210 Meter lange steile Rampe als Verbindung zwischen dem Eisenbahnkai in Neumühlen und dem Altonaer Bahnhof, in Betrieb genommen. Der Seilaufzug für die Güterwagen auf den Rollböcken wurde zunächst mit einem Pferdegöpel betrieben und 1849 durch eine leistungsfähigere Dampfmaschine ausgetauscht. Der Eisenbahnkai mit seinen Dampfkränen und -winden brachte Altona eine kurzzeitige Monopolstellung als einziger Hafen im norddeutschen Raum mit Eisenbahnanschluss. Der Verlust der Zollprivilegien nach der gescheiterten schleswig-holsteinischen Erhebung führte zu einer Abwanderung zahlreicher Gewerbebetriebe nach Ottensen und vieler Handelsfirmen nach Hamburg. Nach dem Ende der dänischen Herrschaft 1864 wurde Altona 1867 preußisch.

Ein neuer wirtschaftlicher Aufschwung begann erst in den 1870er-Jahren mit der Modernisierung der Hafenanlagen, dem Aufkommen der Dampfhochseefischerei und der Eröffnung des Hafenbahntunnels, der die „Geneigte Ebene" ersetzte. Neben Fisch wurde hauptsächlich Getreide im Altonaer Hafen umgeschlagen. Die Stadt entwickelte sich zu einem bedeutenden Standort des metallverarbeitenden Gewerbes sowie der Nahrungs- und Genussmittelindustrie. Durch die Industrialisierung veränderte sich die Gesellschaft und das Aussehen der Stadt nachhaltig. In der Großen Elbstraße siedelten sich Großbetriebe wie die Mälzerei Naefeke an. 1884 entstand in Neumühlen der von der Firma Hedrich betriebene Mühlenkomplex. Der Zollanschluss Altonas 1888 führte erneut zu Umbauten und Erweiterungen im Hafenbereich. Ottensen wurde 1889 nach Altona eingemeindet; zuvor war Neumühlen schon 1868 ein Teil von Ottensen geworden. 1895 wurde die Hafenbahn bis zum Fischmarkt ausgebaut und der Hafenbahntunnel („Schellfischtunnel") um 600 Meter zum neuen Altonaer Bahnhof verlängert. 1896 wurde die neue Fischauktionshalle eröffnet. Den westlichen Abschluss der Altonaer Hafenanlagen bildete das 1924/25 fertig gestellte Union-Kühlhaus, in dem vor allem Gefrierfleisch aus Argentinien gelagert wurde. Altona zählte bis in die 1930er-Jahre zu den wichtigsten Fischereihäfen Deutschlands.

Durch das Groß-Hamburg-Gesetz erfolgte 1937 die territoriale Neuordnung des hamburgischen Raumes durch die Nationalsozialisten. Das Gebiet der Stadt Hamburg wuchs um 80 % und die Bevölkerung um 41 % an. Altona ist seitdem ein Teil Hamburgs. Die schweren Luftangriffe auf Hamburg im Zweiten Weltkrieg führten zu einer weitgehenden Zerstörung Altonas. Auf den Trümmern der Altstadt entstand nach Kriegsende „Neu-Altona". An Stelle der Mischung von Wohn- und Arbeitsstätten sollte nun eine klare Trennung dieser Funktionen erreicht werden. „Neu-Altona" blieb aber ein Torso, weil die vollständige Durchführung an juristischen und finanziellen Hürden scheiterte. Im Bezirk Altona leben heute rund 240.000 Menschen in 13 Stadtteilen auf einer Fläche von 7.831 Hektar. Die Fotos in diesem Buch zeigen Alltagsmotive aus den heutigen Stadtteilen „Altona-Altstadt" und „Ottensen", die aus dem Zeitraum 1844 bis 1973 stammen.

1

Hafen und Schifffahrt

Im Zuge der Industrialisierung Altonas im 19. Jahrhundert entstanden am Hafenrand vor allem Fischverarbeitungsbetriebe, Dampfmühlen, Mälzereien, Speicher und Silos. Die Industriebauten in der Großen Elbstraße und in Neumühlen waren sehr hoch, weil der schmale Uferstreifen mit der bis zu 30 Meter hohen Geestkante keine flächige Bebauung zuließ. Die großvolumigen Bauten sprengten nahezu das kleinteilige Straßennetz. In der Großen Elbstraße waren bis 1932 Schiffsbau-betriebe zu finden. Ein Jahr nach Eröffnung der Altona-Kieler Eisenbahn wurde 1845 die „Geneigte Ebene" als Verbindung zwischen dem Eisenbahnkai in Neumühlen und dem Altonaer Bahnhof in Betrieb genommen. Auf der 210 Meter langen steilen Rampe wurden Güterwagen auf Rollböcken transportiert. Der Eisenbahnkai mit seinen Dampfkränen und -winden brachte Altona eine kurz-zeitige Monopolstellung als einziger Hafen im norddeutschen Raum mit Eisenbahnanschluss. Die „Geneigte Ebene" wurde 1876 durch den Hafenbahntunnel („Schellfischtunnel") ersetzt, der zu einer besseren Verkehrsanbindung zwischen den Hafenanlagen an der Elbe und dem Altonaer Bahnhof führte. Die Hauptumschlaggüter im Altonaer Hafen waren Getreide und Fisch.

Gruppenfoto von Werftarbeitern in Neumühlen, um 1910.

Altonaer Fischmarkt, um 1900.

Häuser am Altonaer Fischmarkt, um 1880.

Löschen eines Fischdampfers, um 1910.

Ladevorgang mit Heringsfässern, 1931.

Butthandel vom Ewer an einem Sonntagmorgen, 1913.

Altenwerder Fischer am Altonaer Fischmarkt, um 1890.

Finkenwerder Buttewer an der Altonaer Fischmarktbrücke, um 1910.

Frischer Fisch direkt vom Schiff, um 1910.

Männer im Altonaer Hafen, um 1890.

Besatzung des Altonaer Fischewers KERSTEN MILES am Fischmarkt, 1920.

Verladung von Eis auf den Hamburger Fischewer SCHULLENGRIEPER, um 1920.

Kolonialwarenladen in der Großen Elbstraße 38, um 1900.

Altonaer Fischauktionshalle, um 1906. Sie wurde 1895/96 als weit gespannte Glas-Eisen-Konstruktion in Form einer Basilika gebaut.

Innenansicht der Fischauktionshalle, um 1910.

Fischverkauf in Altona, um 1920.

Ansicht vom Altonaer Fischmarkt und Fischereihafen mit der Korndampfmühle Heinrich Wilhelm Lange & Co., um 1890.

Plünnenhändler in der Buttstraße, 1954. Die Netze wurden geflickt und wieder verkauft. Foto:
Herbert Dombrowski.

Korndampfmühle Heinrich Wilhelm Lange & Co., um 1895.

Mehlpreise der Korndampfmühle Heinrich Wilhelm Lange & Co., nach 1850.

Dampfschiffbrücke im Holzhafen, um 1885. Sie wurde 1888 abgerissen.

Bei der neuen Dampfschiffbrücke im Holzhafen, um 1900.

Große Elbstraße bei der Köhlbrandtreppe, um 1900. Der Altonaer Fischereihafen hatte seine Blütezeit Ende des 19. Jahrhunderts bis in die 1930er-Jahre.

Neuer Hafen für die kleine Schifffahrt mit Posehls Kohlenhof, um 1895.

Rechnung von Georg Wöhnert in der Großen Elbstraße 71/73, nach 1890.

Kaianlagen an der Großen Elbstraße mit einer Jacht der kaiserlichen Marine, um 1910.

Elefanten im Hafen, um 1930.

Anlanden von Schweinen mit einem Raddampfer der Hamburg-Stade-Altländer-Linie, um 1920.

Fischdampfer an den Kaianlagen in Neumühlen, um 1890.

Riesenkräne beim Kai- und Lagerhaus in Neumühlen, 6. April 1932.

Die kaiserliche Jacht HOHENZOLLERN am Neumühlener Kai, vor 1910.

Dampfkräne am Neumühlener Kai, 1897.

Altonaer Hafenbahn aus der Luft, um 1920. Sie beförderte von 1876 bis 1993 Waren durch den Hafenbahntunnel zum Altonaer Bahnhof. Links das seit 1912/13 im städtischen Besitz befindliche Donner-Schloss, das im Zweiten Weltkrieg zerstört wurde.

Güterbahnhof in Neumühlen. Mit dem Kran wird gerade Kies verladen, August 1920.

Hedrich-Werke in Neumühlen, um 1920.

Aktie über 1.000 Mark der Aktiengesell-
schaft Carl Hedrich, 1913.

Frachtpersonal bei der Fischverladung, um 1925.

Kühlhaus-Union in Neumühlen, nach 1926. Gelagert wurden dort Butter, Eier, Fisch und Gefrier-fleisch aus Argentinien.

2

Handwerk, Handel und Industrie

Nach der gescheiterten schleswig-holsteinischen Erhebung (1848-1852) verlor Altona das Privileg der zollfreien Ausfuhr seiner Gewerbeerzeugnisse in den dänischen Gesamtstaat. Die Stadt behielt zwar ihren Status als Freihafen bei, wurde jedoch durch eine Zollgrenze von Schleswig-Holstein getrennt. Daraufhin zogen viele Gewerbebetriebe ins benachbarte Ottensen, das außerhalb der Zollgrenze lag und nun einen rasanten Aufstieg zum Industriestandort nahm. In Ottensen siedelten sich Glashütten, Betriebe der Fisch- und Tabakverarbeitung, Maschinenbaufirmen und eine Schiffsschraubenfabrik an. 1888 fiel die lästige Zollgrenze durch den Anschluss an das Zollgebiet des Deutschen Reiches fort und schon ein Jahr später wurde Ottensen nach Altona eingemeindet. Altona war lange Zeit Zentrum der deutschen Dampfhochseefischerei sowie der Fischverarbeitung. Die Fischverarbeitung ist gegenwärtig noch immer ein florierender Erwerbszweig, jedoch werden die Fische heute nicht mehr mit dem Fischkutter, sondern mit dem Kühllastwagen nach Altona transportiert.

Arbeiter beim Glasschmelzofen, um 1910.

Gemenge für die Schmelzmasse, um 1930.

Glasbläser bei der Arbeit, um 1930.

Glasschleifer bei der Arbeit, um 1930.

Schmiede der Firma Haller und Meurer in der Friedensallee 33-35, um 1925.

Kupferschmiede von A. Peters am Sandberg, um 1897.

Transport eines Dampfkessels der Ottensener Eisenwerke, um 1914.

Gruppenfoto der Belegschaft der Ottensener Eisenwerke und deren Angehörigen an einem Festtag, 1914.

Herstellung der Gießgrube für eine Schiffsschraube in der Schiffsschraubenfabrik Zeise, um 1910.

Schleifen einer Schiffsschraube in der Firma Zeise, um 1950.

Fertig polierte Schiffsschraube der Firma Zeise, undatiert.

Fische vor der Auktion 6:30 Uhr morgens, um 1931.

Thunfische vor der Fischauktion, um 1910.

Fische werden in Körbe zum Versand verpackt, um 1920. Ausliefern, Abtransport und Räuchern der Fische war Männerarbeit.

Kehlen und Einsalzen der Heringe war Frauenarbeit, um 1900. Die Arbeit in der Fischfabrik gehörte zu den schlecht bezahltesten, am wenigsten angesehenen und sehr schmutzigen Tätigkeiten.

Belegschaft der Möbeltischlerei Wilhelm Wiese in der Papenstraße (heute Ottenser Hauptstraße), um 1905.

Geigenbauer und Gehilfen in der Geigenbauanstalt Reinert & Co., um 1920.

Anlieferung einer Betriebsmaschine der Schokoladenfabrik „Holsatia" in der Gaußstraße durch die Transportfirma Alex Grund im Mai 1921.

Transport von Essigfässern der Essigfabrik Wilhelm Buck in der Humboldtstraße 33, um 1913.

Zigarrenkisten für die Ottensener Zigarrenmacher entstehen bei der Firma Jaminet & Meyer in Bergkirchen (Westfalen), um 1950.

Kinder bei der Zurichtung in der Zigarrenindustrie, um 1920.

Tabak- und Zigarrengeschäft G. Adolph
Krebs in der Oelkersallee 17b, um 1910.

Innenansicht des Tabak- und Zigarrengeschäftes G. Adolph Krebs in der Oelkersallee 17b, um
1930.

Meiereigeschäft Hinrich Franzen in der Großen Carl-Straße 6 (heute Zeißstraße). Mit der Milch-karre und einem vorgespannten Hund wurde die Milch um 1920 ausgeliefert.

Richard Mensings Kolonial- und Fettwarenladen sowie Frisörstube in der Großen Rainstraße, um 1908.

Bäckerei „Elbe Brot", um 1905.

Lebensmittelladen Beth (Ecke Eulenstraße/Rothestraße), um 1960.

Blick durch das Judentor in die Schlachterbuden, wo sich viele jüdische Schlachter befanden, um 1890.

Obst- und Gemüsehandlung Eduard Haase in Altona, um 1900.

Erster Preis im Schaufenster-Wettbewerb in Altona, um 1910.

Straßenhändler in der Rothestraße, um 1950.

Schrotthöker Teichert in der Dreyerstraße, 1954. Foto: Herbert Dombrowski.

3

Der Altonaer Bahnhof

Die 1844 eröffnete Altona-Kieler Eisenbahn wurde zu Ehren des dänischen Königs, der durch seine großzügige finanzielle Förderung erst den Bau der Eisenbahnlinie ermöglicht hatte, „König Christian des Achten Ostseebahn" genannt. Die Bahnstrecke zwischen Altona und Kiel war die erste Eisenbahnverbindung im dänischen Gesamtstaat sowie die fünfte und bis dahin längste Eisenbahnverbindung in Deutschland. 54 Jahre später wurde ein neuer, zweiter Altonaer Bahnhof weiter nördlich gebaut und der ältere, erste Altonaer Bahnhof zum Neuen Rathaus, dem heutigen Bezirksamt Altona, umgebaut. Die architektonische und funktionale Veränderung des Baukörpers von einem überregional bedeutenden Verkehrsknotenpunkt zu einem Zentrum der Kommunalpolitik ist bis heute ein einmaliger Fall in Deutschland. Vom alten Bahnhof blieb nur die Südfassade mit der zugemauerten Durchfahrt für die Lokomotiven erhalten. Der einstige alte Platz der Drehscheibe ist heute der Zugang zum Standesamt des Bezirks Altona. Der Altonaer Bahnhof von 1898, ein architektonisches Wahrzeichen der Stadt Altona, wurde ein Opfer der Modernisierungspolitik der Bundesbahn. Dieses Bauwerk wurde 1979 durch Deutschlands erstes „Kaufhaus mit Bahnanschluss" ersetzt.

Reisende am Bahnsteig VI, um 1930.

Das sich noch im Bau befindende Bahnhofsgebäude, 1844. Diese Daguerreotypie, benannt nach dem französischen Erfinder Louis Jacques Daguerre, zählt zu den weltweit ersten Gebäudeaufnahmen. Sie wurde von dem Altonaer Fotografen Carl Ferdinand Stelzner aufgenommen.

Blick auf das Bahnhofsgebäude aus Richtung Norden, 1844. Daguerreotypie: Carl Ferdinand Stelzner.

Bahnhofsanlagen der Altona-Kieler Eisenbahn, 1844. Daguerreotypie: Carl Ferdinand Stelzner.

Ostflügel des Bahnhofs, um 1890.

Drehscheibe für die Lokomotiven der Altona-Kieler Eisenbahn und Bahnhofsgebäude an der Palmaille, um 1880. Im Hintergrund der Wasserturm und die Ottensener Kirche (Christians-kirche).

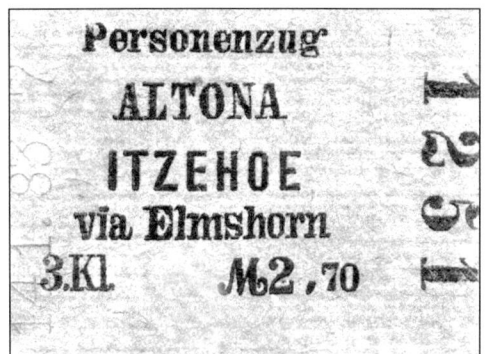

Fahrkarte vom Personenzug Altona-Itzehoe via Elmshorn vom 14. Januar 1883.

Speisekarte der Altona-Kieler Eisenbahn-gesellschaft vom 31. März 1887.

Der neue Bahnhof wurde zwischen 1895 und 1898 im Stil der Neogotik errichtet. Die repräsentative Empfangshalle mit ihrem gewaltigen doppeltürmigen Hauptportal wirkte von außen wie eine spätmittelalterliche Festung, 6. Juni 1955.

Der Stuhlmannbrunnen, vom Bildhauer Paul Türpe entworfen, symbolisiert die Konkurrenz der Fischmärkte von Hamburg und Altona. Links im Bild das Reichsbahndirektionsgebäude, rechts davon der Altonaer Bahnhof mit Kriegsschäden, um 1945.

Vater und Sohn passieren den Fahrkartenschalter, um 1935.

Ankunft von Fahrgästen, um 1935.

8:15 Uhr: Einfahrender Personenzug, um 1935.

Innenansicht der Bahnhofshalle, um 1955.

Kiosk am Altonaer Bahnhof, um 1935.

Haupthalle, um 1935.

Bahnhofshalle zur Weihnachtszeit, 1957.

„Zitronenjette" an einem Personenzug im Altonaer Bahnhof, um 1935. Die „Zitronenjette" ist ein Hamburger Original, die in den letzten beiden Jahrzehnten des 19. Jahrhunderts tagsüber am Graskeller und nachts in den Kneipen der Neustadt die gelben Südfrüchte mit dem Ausruf „Zitroon, Zitroon!" verkaufte.

„Wasserträger Hummel" an einem Personenzug im Altonaer Bahnhof, um 1935. Der „Wasserträger Hummel" ist ein Hamburger Original, der bei seiner schweren Arbeit häufig von Straßenkindern in der Neustadt geneckt wurde und sie deswegen zu greifen versuchte. Sie riefen „Hummel, Hummel!" (niederdeutscher Spottname für den ebenfalls „greifenden" Gerichtsdiener) und er entgegnete „Mors, Mors!" (eine hamburgische Variante des bekannten Götz-Zitates).

Hoher Besuch aus Polen, um 1937.

„KdF"-Urlauber nehmen Abschied, um 1935.

Bahnangestellte vor einer E-Lok der Altonaer Hafenbahn, um 1935.

Stellwerkangestellte bei der Arbeit, um 1935.

Blick vom Kühlhaus an der Harkortstraße auf das Bahnbetriebswerk (links) und den Güterbahn-hof (rechts), um 1935.

„Erwischt!" – Personal ignoriert die Fahrdienstvorschriften, um 1935.

In Zeiten der Not wird Nahrung auf dem Lande gehamstert, um 1945.

Der Zweite Weltkrieg führte zur Zerstörung der Bahnhofshallen, März 1947.

Wartender Zug in Richtung Elmshorn am Bahnsteig 4, 30. Juni 1953.

Expressgutverkehr vor Weihnachten am Bahnsteig 6, 1955.

Am Fahrkartenschalter, um 1950.

Verladung eines Autos aus Dänemark, nach 1957.

Am 22. Mai 1955 wurde der Wechselstrombetrieb (6.000 Volt mit 25 Hertz) der S-Bahn eingestellt. Die Umstellung auf den Betrieb mit Gleichstrom (1.200 Volt) hatte sich wegen des Zweiten Weltkriegs verzögert.

Abriss der vertrauten Türme des Hauptportals, 1973.

Der alte Bahnhof von 1898 wurde 1973 abgerissen und an seiner Stelle entstand 1979 das erste „Kaufhaus mit Bahnanschluss" nach amerikanischem Vorbild. Der neugestaltete Bahnhof gilt heute als Planungssünde.

4

Freizeit und Familie

Für die Altonaer gab es viele Freizeitangebote, wie die Fotos in diesem Kapitel dokumentieren. Neben dem geselligen Beisammensein in der Kneipe bei einem Glas Bier stand das Fußballspielen in einem der zahlreichen Vereine hoch im Kurs. Der 1869 gegründete „Altonaer Bicycle Club" – der älteste Radfahrverein der Welt – förderte vor allem das Hochradkunstfahren. Ein Höhepunkt für viele Altonaer war sicherlich die Enthüllung und Einweihung des Denkmals von Kaiser Wilhelm I. vor dem Altonaer Rathaus (Neuen Rathaus) durch Kaiser Wilhelm II. am 18. Juni 1898. Auf dem Kaiserplatz (heute: Platz der Republik) waren regelmäßig sonntags Konzerte zu hören. Sehr gerne ging man auch in das hiesige Theater oder Museum. Ebenfalls sehr beliebt waren die Lichtspielhäuser, die gerade ihre erste Blütezeit erlebten. Im Sommer badeten viele Altonaer in der Elbe oder flanierten an der Elbe bei Neumühlen.

Die Enthüllung und Einweihung des Denkmals von Kaiser Wilhelm I. vor dem Altonaer Rathaus am 18. Juni 1898. Kaiser Wilhelm II. und seine Gemahlin Auguste Victoria waren anwesend.

Der Kaiserplatz um 1906. Blick vom Neuen Rathaus nach Norden zum Altonaer Bahnhof.

Das Hotel Kaiserhof am Bahnhofsvorplatz, wo einst der Kaiser logierte, um 1912. Es wurde vom Architekten Georg Kallmorgen im neobarocken Stil entworfen und größtenteils im Zweiten Weltkrieg zerstört.

Altona 1910, Standkonzert Kaiferplatz (Platz der Republik)

Standkonzert im gusseisernen Musikpavillon am Kaiserplatz (heute Platz der Republik), 1910.

Enthüllung des Bismarck-Denkmals in der Königstraße durch Bürgermeister Rosenhagen am 9. Juli 1898.

Hof in der Kleinen Mühlenstraße 54 mit Bewohnern und Besuch, um 1900.

Geschwister aus Ottensen beim Fotografen in Hamburg, 1897.

Silberhochzeit in der Marienterrasse, um 1900.

Spielende Kinder in der Buttstraße, die aus dem Fenster beobachtet werden, 1954. Foto: Herbert Dombrowski.

Zwei Kinder im Gespräch im Kleinen Pinnasweg, 1954. Foto: Herbert Dombrowski.

Kunstmaler Stobbe zieht neugierige Kinder in der Kleinen Papagoyenstraße an, 28. Juli 1934.

Werbewagen der HAFA-Reklame, 1913. Zur Premiere wurde der Film „Der Kurier des Zaren"
mit Iwan Mosjukin gezeigt.

Ottensener Lichtspiele mit 800 Sitzplätzen in der Papenstraße 17 (heute Ottenser Hauptstraße),
um 1932.

Ottensener Bierhaus der Familie Mensing, um 1910.

Herrenabend bei fröhlicher Spielrunde in der „Eule" (Eulenstraße), um 1920.

Der „Altonaer Bicycle Club" ist der älteste Radfahrverein der Welt und wurde 1869 gegründet.
Damen mit Kunstfahrrädern, um 1935.

Zweite Fußballmannschaft vom Turnverein Fichte in Ottensen, 1921.

Ausflug der Ottensener Arbeiterjugend „Die Junge Garde", 1906.

Arbeiterjugendgruppe aus Ottensen, um 1910. Bei dem Jungen links mit Gitarre handelt es sich um Christian Carlberg, den späteren Präsidenten des Arbeitsamtes Hamburg.

Sommerausflug der Arbeiterjugend aus Ottensen, um 1913.

Spielende Kinder auf dem Schulhof der Rothestraße in Ottensen, um 1930.

Kinderfasching in Schmidts Garten in Altona, 1932.

Die Futtermittelhandlung Gustav & Adolf Sührke in der Papenstraße begeht das Erntedankfest, um 1934.

Strand mit Landungsbrücke in Neumühlen, um 1900.

Flanieren auf der Landungsbrücke in Neumühlen, um 1900.

Flussbadeanstalt in Neumühlen, 1892. Der gute Ton schrieb den höheren Töchtern und besseren Damen damals vor, sich nur unter dem Blicke abschirmenden geschlossenen Verdeck eines Badekarrens ins Wasser zu begeben.

Badeleben in Neumühlen, nach 1926. Bis 1952 war das Baden in der Elbe möglich.

Das vom Architekten Johann Heinrich Strack in den Jahren 1835 bis 1855 erbaute Donner-Schloss mit gotischen Stilelementen in Neumühlen, 1930er-Jahre.

Familie Nissen vor dem Donner-Schloss zu Ostern 1916.

5

Zerstörung und Wiederaufbau

Zwischen dem 24. Juli und dem 3. August 1943 hinterließen die systematisch betriebenen Flächenbombardements der „Operation Gomorrha" ein brennendes Inferno, das auch die historische Altstadt Altonas in eine Trümmerlandschaft verwandelte. Fast 60% des Wohnungsbestandes zwischen Altonaer Bahnhof und St. Pauli wurden zerstört. Nach dem Zweiten Weltkrieg entwickelten der Hamburger Oberbaudirektor Werner Hebebrand und der Planungsleiter der „Neuen Heimat" Prof. Ernst May gemeinsam das „Neu-Altona"-Konzept. An Stelle der vollständigen Wiederherstellung der historischen Altstadt wie in Münster sollte in Altona eine moderne Stadt entstehen. Für das „Neu-Altona"-Projekt wurde der ursprüngliche Straßenverlauf und die Parzellenstruktur aufgehoben. Zwischen 1955 und 1967 wurden 1.100 Altwohnungen abgerissen und durch 4.300 Wohnungen ersetzt. Die Stadtplaner hielten bis in die 1970er-Jahre an dem „Neu-Altona"-Konzept fest. Heute steht „Neu-Altona" als Torso da, weil die vollständige Durchführung letztendlich an juristischen und finanziellen Hürden scheiterte.

Ruinen in der Ehrenbergstraße/Ecke Biernatzkistraße mit der Altonaer St. Petri Kirche im Hintergrund, nach 1943.

Prozessionszug vor der katholischen
St. Josephs-Kirche, 1914.

Die von Bomben schwer getroffene St. Josephs-Kirche, 1943.

Das Interieur der St. Josephs-Kirche war nach dem schweren Fliegerangriff 1943 bis auf die Fassade zerstört worden. In den 1950er-Jahren wurde die St. Josephs-Kirche wieder aufgebaut.

Blick von der Königstraße auf die Hauptkirche St. Trinitatis, deren Grundstein am 10. April 1649 gelegt wurde. Der Kirchturm wurde von dem Zimmermeister Jacob Bläser in den Jahren 1688 bis 1694 erbaut. Das Foto entstand am 3. Mai 1913.

Aufräumarbeiten bei der 1943 zerstörten St. Trinitatis-Kirche, nach 1945. Der Wiederaufbau der Kirche erfolgte zwischen 1963 und 1969.

Das Alte Rathaus in der Königstraße, das im Stil eines kleinen französischen Barockschlosses in den Jahren 1716 bis 1720 von Stadtbaumeister Claus Stallknecht errichtet wurde, um 1910.

Das im Zweiten Weltkrieg zerstörte Alte Rathaus, in dem sich das Altonaer Stadtarchiv befand. Die Aufnahme entstand im Juli 1943.

Das dreigeschossige Altonaer Museum im Stil der nordischen Renaissance, nach 1901.

Das einer Luftmine zum Opfer gefallene Museumsgebäude, 1945.

Die zerstörten Vitrinen im Trachtensaal des Altonaer Museums, 1945.

Das wieder aufgebaute Altonaer Museum mit neu gestaltetem Nordflügel, 1963.

Das Firmengelände Haller und Meurer in der Friedensallee 33-35 nach den Bombentreffern 1943.

Überreste der Firma Haller und Meurer in der Friedensallee 33-35, 1945. Foto: Stadtteilarchiv Ottensen.

Die in der Nacht vom 24. auf den 25. Juli 1943 ausgebombten Gebäude in der Großen Bergstraße zwischen Bürgerstraße und der Weidenstraße.

Das gerettete Mobiliar steht nach einem nächtlichen Bombenangriff am nächsten Morgen auf der Straße, nach 1943. Foto: Stadtteilarchiv Ottensen.

Schrotthöker Teichert in der Dreyerstraße, 1954. Foto: Herbert Dombrowski.

Frühling zwischen Ruinen. Kinder beim Huflattichpflücken, 1954. Foto: Herbert Dombrowski.

Spielende Kinder zwischen den Trümmern, 1954. Foto: Herbert Dombrowski.

Richtfeier in der Mörkenstraße im Aufbaugebiet „Neu-Altona", um 1960. Foto: Stadtteilarchiv Ottensen.

Wiederaufbau an der Gilbertstraße/Ecke Carlebachstraße, um 1955. Foto: Stadtteilarchiv Ottensen.

„Die Morgensonne kritzelt eine tiefe Gasse ...", 1954. Foto: Herbert Dombrowski.

Ausgewählte Literatur
zur Altonaer Stadtgeschichte

ALTONAER MUSEUM IN HAMBURG – NORDDEUTSCHES LANDESMUSEUM (HRSG.): Ottensen – Zur Geschichte eines Stadtteils. Begleitbuch zur Ausstellung vom 3. November 1982 bis 7. August 1983 im Altonaer Museum in Hamburg – Norddeutsches Landesmuseum, 2. Auflage Hamburg 1982.

ALTONAER MUSEUM IN HAMBURG – NORDDEUTSCHES LANDESMUSEUM (HRSG.): Licht über Altona. Herbert Dombrowski, Fotografien 1954, Hamburg 1997.

ALTONAER MUSEUM IN HAMBURG – NORDDEUTSCHES LANDESMUSEUM (HRSG.): Leben und Arbeiten am Elbstrom – Altonas Architektur vom Fischmarkt bis Övelgönne. Begleitbuch zur Ausstellung vom 9. Oktober 2002 bis 20. April 2003 im Altonaer Museum in Hamburg – Norddeutsches Landesmuseum, Hamburg 2002.

HANS-GEORG BLUHM: Vom Fischmarkt zum Klövensteen. Altonas topographische Entwicklung. Ausstellung im Altonaer Museum in Hamburg – Norddeutsches Landesmuseum vom 7. September 1990 bis 21. Januar 1991, Hamburg 1990.

HAJO BRANDENBURG: Altona in dänischer Zeit, in: Bärbel Hedinger (Hrsg.): C. F. Hansen in Hamburg, Altona und den Elbvororten. Ein dänischer Architekt des Klassizismus, München und Berlin 2000, S. 15-20.

HAJO BRANDENBURG: Die Sozialstruktur der Stadt Altona um 1800, Rostock 2000 (Rostocker Studien zur Regionalgeschichte, Bd. 3).

HAJO BRANDENBURG: Der Altonaer Bahnhof im Wandel der Zeiten. Begleitbuch zur Ausstellung vom 9. Mai bis 29. Juli 2001 im Altonaer Museum in Hamburg – Norddeutsches Landesmuseum, Hamburg und München 2001.

FÖRDERKREIS „OTTENSEN-CHRONIK" E.V. (HRSG.): Ottensen-Chronik „... damit nicht alles in Vergessenheit gerät", 3. Auflage Hamburg 2002.

HANS-GÜNTHER FREITAG UND HANS WERNER ENGELS: Altona – Hamburgs schöne Schwester. Geschichte und Geschichten, Hamburg 1982.

NINA GORGUS: Die photografische Kunstanstalt Emil Puls in Altona. Spezialität: Architektur, Interieur, Industrie und Landschaft, Hamburg 1999.

FRITZ LACHMUND: Altona & Ottensen. Bilder aus vergangenen Tagen, Hamburg 1974.

HEINZ RAMM: Altona, Wandsbek und die südholsteinischen Randgebiete, in: Erich von Lehe (u. a.): Heimatchronik der Freien und Hansestadt Hamburg, 2. Auflage Köln 1967 (Heimatchroniken der Städte und Kreise des Bundesgebietes, Bd. 36), S. 263-334.

CHRISTOPH TIMM: Altona-Altstadt und -Nord, Hamburg 1987 (Denkmaltopographie Bundesrepublik Deutschland, Hamburg-Inventar: Bezirk Altona, Stadtteilreihe 2.1).

Die Heimat entdecken!

Von Kiel bis Wien,
von Aachen bis Görlitz:
Entdecken Sie Alltagsgeschichten
aus Ihrer Heimatstadt!

Leben in der Großstadt …

Tauchen Sie ein in das quirlige Großstadtleben vergangener Tage. Spazieren Sie über breite Boulevards und stürzen Sie sich ins Nachtleben. Erkunden Sie ihre Stadt durch die Fensterscheiben einer Straßenbahn oder des ersten Käfers und bewundern Sie prächtig geschmückte Schaufenster.

... und ländliche Idylle

Wie sah das Leben in Ihrer Heimat aus, als die Bauern noch mit Pferden pflügten und jedes Dorf seinen eigenen Schmied hatte, jeder noch jeden kannte und das Leben sich zwischen Kirche, Wirtshaus und Wohnküche abspielte?

Erinnerungen an die Schulzeit ...

Erinnern Sie sich noch an die Zeiten von Abakus und Schiefertafel, an Klassenausflüge
oder den ersten Taschenrechner? Blicken Sie zurück auf große Klassen und gestrenge
Schulmeister, entdecken Sie auf Klassenfotos Freunde und Bekannte von früher!

... und das Arbeitsleben

Entdecken Sie, wie sich das Arbeitsleben in den letzten hundert Jahren verändert hat. Werfen Sie einen Blick in Fabrikhallen, blicken Sie Handwerksmeistern bei ihrer Arbeit über die Schulter und erinnern Sie sich an den Einkauf im Tante-Emma-Laden.

Gesellige Stunden im Verein …

Fußballclub und Schützenverein, Musikkapelle und Gesellenverein: Schauen Sie zurück auf Volksfeste und Turniere, Chorproben oder Prunksitzungen. Erinnern Sie sich an schöne Stunden und das gesellschaftliche Leben in Ihrer Heimat.

… und im Familienkreis

Werfen Sie einen Blick in die Wohnzimmer vergangener Tage und entdecken Sie, wie sich zwischen schweren Eichenmöbeln, Nierentischen und Ikea-Regalen der Alltag verändert hat. Erleben Sie Familienfeiern und Weihnachtsfeste im Wandel der Jahrzehnte mit.

www.suttonverlag.de